NOTES ET SOUVENIRS

D'UN INSTITUTEUR

SUR LES

ÉVÉNEMENTS DE 1870

A JOUY

PAR

M. Léon VALLET

Extrait du *Bulletin de la Société des Sciences historiques et naturelles de l'Yonne*, 1ᵉʳ semestre 1910.

AUXERRE

TYPOGRAPHIE ET LITHOGRAPHIE A. GALLOT, RUE DE PARIS, 47

1911

NOTES ET SOUVENIRS

D'UN INSTITUTEUR

SUR LES ÉVÉNEMENTS DE 1870 [1] A JOUY

Par M. Léon VALLET.

LA GUERRE ET L'INVASION

Que dire du sombre drame qui se déroulait loin de nous
et dont nous ignorions les détails ? Les rares nouvelles, qui
nous parvenaient par courriers locaux, gardes champêtres
ou cantonniers, étaient souvent mensongères ou inexactes;
nous vivions au milieu d'une incertitude poignante qui lais-
sait le champ libre aux bruits les plus absurdes et les plus
contradictoires. Comme on l'assure, serons-nous préservés
du fléau de l'invasion ? Le 16 novembre, nous sommes fixés.
Les éclaireurs de l'ennemi se montrent à Jouy; ils opèrent
une simple reconnaissance. Sous les plus terribles menaces,
ils ordonnent au Maire de faire combler immédiatement les
tranchées qui coupent la route de Chéroy à Ferrières et celle
de Sens à Egreville, puis ils se retirent dans la direction de
Saint-Valérien (2).

---

(1) Nous extrayons les pages suivantes d'une série de notes sur
Jouy, déposées par les héritiers de l'auteur aux Archives de
l'Yonne.

(2) Après le 4 septembre, un arrêté préfectoral a dissous le
Conseil municipal et nommé M. Leclerc, maire, en remplacement
de M. Regnier et M. Ponce, adjoint, en remplacement de M. Va-
cheret. Ces messieurs n'ont accepté leurs fonctions qu'après s'être
assuré le concours de leurs anciens collègues. Prévoyant des réquisitions probables, la municipalité a fait le recensement et
l'évaluation du bétail; la mesure était utile et sage.

Sc. hist.   5

Au milieu de la nuit, mon voisin, M. Henri Desbordes, frappe à ma porte; il accompagne deux membres du Comité de défense de l'arrondissement de Montargis qui me prient de les renseigner sur la marche de l'armée allemende et sur les nouvelles du jour. Ne pouvant les satisfaire, je me borne à leur répéter ce que j'ai entendu dire : « La ville de Sens est occupée par l'armée de Metz, et le prince Frédéric-Charles, qui la commande, est logé chez M. Cornisset-Lamothe. » A la demande de ces messieurs, et sous toutes réserves, j'écris l'information qui, peu de temps après, paraît à l'*Officiel*. On le voit, le gouvernement de Tours était renseigné d'une manière bien imparfaite. Dans la matinée du 17, une avant-garde composée d'infanterie et de cavalerie annonce à la mairie l'arrivée des troupes que Jouy doit loger et nourrir; un lieutenant d'infanterie la dirige. « Professeur à l'Université de Berlin, me dit-il, il regrette de se présenter en ennemi chez un instituteur; mais, s'il lui faut obéir aux exigences de la guerre, il veut du moins les atténuer par la répartition équitable du contingent à loger et il me prie de lui procurer tout ce qui peut faciliter sa tâche. » Devant ce désir si bien exprimé, je mets à sa disposition les tableaux de recensement et la carte de Jouy; puis, dans l'intérêt des habitants, je lui donne d'utiles détails. Son travail achevé, il me remercie et se retire.

Cette visite, l'avouerai-je, choque un peu mon amour-propre de Français; elle me remémore ces mots de J.-B. Rousseau : « Mon ennemi seul ne me trompe point. » (Epitre III, livre III); elle dessille mes yeux et m'oblige à reconnaître que l'adversaire n'est pas indigne de nous. C'est là ce qui me fait souffrir.

Le temps s'écoule lentement; une sorte de tumulte lointain m'arrache à mes tristes réflexions; le bruit augmente et devient plus distinct : c'est le pas rythmé des fantassins, suivi du roulement des canons et des caissons, la voix aiguë des chefs donnant des ordres, le trot de la cavalerie échelonnée sur les flancs de la colonne; c'est encore le son du fifre jouant Marlborough, alternant avec le battement des tambours; enfin c'est la musique des régiments qui, ironiquement, exécute la *Marseillaise*. L'ennemi se porte vers l'ouest; pour rendre sa marche plus rapide, il a réquisitionné des voitures qu'il a remplies des sacs du bataillon; des soldats fatigués se sont installés sur ce siège et, du plat de leurs sabres, ils frappent à coups redoublés les bêtes de l'attelage que les malheureux conducteurs français ont peine à suivre; c'est par un rire cruel et insultant que les Allemands accueillent les plaintes des victimes qui, en chancelant, se cramponnent aux traits des chevaux. Oh ! quel supplice j'ai enduré pendant ces heures maudites !

Dans l'ordre fixé par l'avant-garde, notre contingent garnit le village et les hameaux; puis les réquisitions de toute sorte s'accumulent sur la place publique pour se disperser ensuite dans toutes les directions. Le désordre ne tarde pas à paralyser le contrôle de la Commission municipale impuissante à effectuer régulièrement les livraisons qu'elle n'a pu vérifier. La maison d'école regorge de soldats; des officiers s'installent dans mes chambres; des sous-officiers et des ordonnances prennent possession de la mairie où les archives communales s'entassent sur les planches des placards ébauchés et non fermés; des soldats nombreux envahissent la classe qu'ils transforment en corps de garde... Tremblantes d'effroi, ma femme et mes filles s'efforcent de répondre aux demandes des uns ou des autres, tout en préparant le dîner des hôtes que j'entrevois en courant; ici et là, on réclame le maire et son secrétaire.

Dans la cour, un caporal boucher montre au Conseil municipal deux vaches qui viennent d'être réquisitionnées; il parle et gesticule en vain; personne ne le comprend; il m'arrête au passage et semble implorer mon secours pour le tirer d'embarras. Malheureusement, sa langue m'est inconnue; que faire ? J'avise un sergent qui parle français et le prie de nous servir d'interprète : « Le boucher trouve les deux vaches insuffisantes; il en demande d'autres encore. » L'incident est clos sans difficulté; mais, en changeant de forme, il se renouvelle souvent par la suite...

Le commandant en chef a besoin de me parler; il m'envoie chercher; je suis devant lui. C'est un homme de soixante ans environ dont la barbe et les cheveux sont plus blancs que gris; il a un maintien sévère et digne qui oblige au respect; l'énergie qui se lit sur son visage est tempérée par une nuance de mélancolie; ses traits rappellent ceux du roi Guillaume; ils ont un caractère de noblesse qui décèle un personnage de distinction. Il est à table avec son aide de camp et un médecin-major; il interrompt son repas pour me prier de lui expliquer ce que désire un habitant des Marais, M. Philippe Pradier, qui, la mine désolée, se tient à l'écart. Dans un langage que l'émotion rend incohérent, Pradier cherche à exposer ses griefs : « Pauvre manouvrier, père d'une assez « nombreuse famille, il ne peut loger et nourrir la centaine « d'hommes qui vient d'envahir sa demeure; déjà sa provi- « sion de farine et de pommes de terre a disparu sans avoir « contenté tout le monde; effrayés, ses jeunes enfants « n'osent plus approcher du logis dont ils sont expulsés; « chassés de l'étable, son âne et son bétail errent autour du « bâtiment; il supplie le commandant d'avoir pitié de lui et « de mettre un terme à cet état de choses, en lui laissant « quelques soldats seulement. » Lentement, je refais ce ré- cit au commandant qui me prête toute son attention; après moi, il répète tous les mots dont le sens lui échappe et que, par des expressions équivalentes, je m'attache à rendre plus clairs. Il me remercie et me charge d'informer Pradier que « son affaire est entendue »; puis, en allemand, il donne des ordres à son aide de camp qui en assure l'exécution immé- diate.

La réclamation faite avait été accueillie; en arrivant chez lui, Pradier eut la joie de n'y plus trouver un seul soldat.

La scène qui précède est à peine terminée qu'une autre la suit. Le Maire donne avis au commandant qu'il s'est con- formé à ses désirs en faisant publier la note ci-dessous :

« Par ordre du commandant prussien de passage à Jouy, « le Maire informe les habitants qui n'auraient pas déposé « leurs armes à la mairie d'avoir à le faire immédiatement, « sous peine d'être emmenés comme prisonniers de guerre « ou punis sévèrement.

« A Jouy, le 17 novembre 1870.

« Le Maire :

« Signé : LECLERC. »

Après cette communication, le maire ajoute qu'il vient d'apprendre que des hommes armés, étrangers à la com- mune, se dissimulent dans les bois; une attaque peut se pro- duire et, au nom de ses administrés dont il est le garant, il en décline la responsabilité. D'un ton dur et hautain, le commandant répond : « Un seul coup de fusil tiré contre « mes troupes vous fera fusiller sur la place publique, vous « et votre Conseil municipal. J'ai dit : Allez ! » Saluant M. Leclerc surpris d'un tel langage, il se dirige avec son aide de camp vers la maison Regnier où sont réunis un grand nombre d'officiers. On m'assure qu'ils le reçoivent avec les marques d'un respect qui touche à la vénération. Je me croyais débarrassé et libre, quand le médecin-major me mande auprès de lui; qu'est-ce encore ? Je le trouve dans la chambre du fond qu'il a choisie pour y être à l'aise; il m'accueille avec urbanité et m'offre une place au coin du feu. « Il me donne le conseil de réserver une pièce pour nous et « d'en garder la clef; il me dit que la soldatesque allemande « exècre le Français et que le moindre prétexte peut faire « éclater sa brutalité. Privé de nouvelles depuis longtemps, « désireux de savoir ce qui se passe, il serait heureux de « parcourir mes journaux... » Mes journaux ? Je vais répondre quand un soldat, une malle sur l'épaule, interrompt notre entretien; il annonce l'arrivée d'un officier d'artillerie qui doit partager la chambre avec le docteur. A ces mots, celui-ci bondit vers le soldat et le jette à la porte. L'officier annoncé serait atteint d'une maladie contagieuse que le médecin redoute pour lui-même; après avoir pris congé du docteur, je sors et me trouve en face de l'officier malade (1). Il s'excuse de l'ennui que son retard va nous causer; mais le service de sa batterie en est cause; il me prie de lui indiquer son appartement. Je lui montre le cabinet qui sépare nos chambres (c'était l'unique pièce qui nous restât); là, il retrouve son secrétaire, un tout jeune homme qui est en train d'écrire. Je descends pour remonter bien vite, chargé du dîner que je pose sur la table; je vais me retirer quand l'officier se lève et me force à prendre sa place; il m'invite à rester quelques instants afin de causer avec lui. Il me dit : « La langue française est belle, très belle; je ne me lasse pas de l'entendre parler tant elle a de charme pour moi. » Puis, s'adressant à son secrétaire, élève de l'école gymnase, « il lui reproche les intonations dures de sa prononciation lorsqu'il s'exprime en français. La conversation s'engage sur ce sujet et m'amène à lire « les Adieux à la France », derniers soupirs d'un patriote mourant, et la lettre si fière, si digne d'Eugène de Beauharnais à l'empereur Alexandre. Ai-je su interpréter les sentiments élevés qui vibrent dans ces pièces ? Je ne puis le dire; mais ceux qui m'écoutent semblent impressionnés et satisfaits; l'officier, la main sur la poitrine, le re-

---

(1) Le comte d'Elberfeld, m'a-t-on dit.

gard perdu, laisse échapper ces mots qui trahissent son émotion : « Oh ! beau, très beau ! »

Ma lecture, choisie à dessein, était la profession de foi indirecte d'un Français fidèle à son pays, en face de l'étranger triomphant; a-t-elle été comprise ?

Piqué par les paroles de l'officier, le secrétaire lit à son tour une page de latin qu'il traduit, sans une hésitation, en langue française. Je les quitte.

La nuit est venue; il nous faut préparer le déjeuner du lendemain et la volaille rôtie que le commandant emportera. Mes filles et ma femme vont à deux pas, chez M. Fleury, chercher la provision de lait; à peine entrées, des soldats ivres, qui chantent et rient, veulent les entourer; le maître du logis intervient courageusement; elles s'échappent et, en proie à la plus vive frayeur, elles me racontent ce qui vient de leur arriver. Transporté d'indignation, je monte à la chambre du commandant à qui j'expose notre impossibilité d'exécuter ses ordres, s'il ne nous protège pas d'une manière efficace. Ma protestation, faite en termes assez vifs, a l'air de l'attrister plus qu'elle ne le froisse; il me congédie en disant d'ouvrir la porte du bureau (la mairie); au même instant, j'entends l'aide de camp crier d'une voix forte des mots allemands parmi lesquels je distingue « Der Fürst ». Quelques minutes s'écoulent avant qu'un soldat muni d'un falot vienne se mettre à la disposition de ma femme, afin de l'accompagner dans ses courses; au bout d'un quart d'heure, ils sont de retour et nous achevons nos préparatifs.

Le ciel et la terre se confondent tant les ténèbres sont épaisses; une pluie froide tombe sans cesse; des cris lugubres retentissent, coupant parfois le silence qui règne dans la campagne; c'est le « Wer da ? » (qui vive ?) des sentinelles isolées que les patrouilles relèvent d'un pas lourd et pesant. Le factionnaire va et vient devant notre porte pendant que, assis autour du foyer, ma famille et moi, nous attendons avec impatience que le jour paraisse et nous délivre de l'ennemi.

A minuit environ, nous avons la désagréable visite d'un soldat qui, ne parlant pas français, s'efforce de se faire comprendre par gestes : il veut que nous lui donnions à boire. Je lui tends un seau de cidre que les ordonnances ont refusé; il s'en empare et disparaît pour revenir au bout d'une vingtaine de minutes; il recommence sa comédie; il jette des cartouches dans le feu; leur détonation effraie ma famille; il rit et me promène son sabre sur le cou; enfin il cherche à me coiffer de son casque. Cette fois, je ne suis plus maître de moi : je vais frapper l'insolent, s'il ne sort pas; mais une lutte ne peut que nous être funeste; je fais signe à ma femme qui s'empresse de gravir l'escalier afin d'avertir le commandant. En la voyant s'éloigner, l'ivrogne est inquiet; il change d'attitude quand il entend la voix de l'aide de camp donner un ordre. Ma femme redescend suivie de deux sergents armés. « Der Fürst » (1), a dit la voix; pourquoi ces mots clouent-ils le soldat sur place ? Les sergents le surprennent ainsi et l'amènent au poste (la classe); là ils font résonner la crosse de leurs fusils sur le sol; au bruit, les soldats s'éveillent et se dressent; ils écoutent en silence ce que débite l'un des sous-officiers. En regagnant son gîte, l'un des sergents nous apprend que le militaire consigné sera jugé et puni à la halte prochaine; faisant partie de l'avant-garde, il demande que nous lui préparions une tasse de lait, vers quatre heures du matin.

Un peu avant l'aube, le clairon sonne le réveil; la fourmilière s'agite; le cliquetis des ustensiles de cuisine précède celui des armes; l'eau ne tarde pas à manquer; avec des cris furieux, chacun en réclame inutilement; il n'y a plus une seule corde aux puits. Enfin les maisons se vident; les soldats de toutes armes se rendent à la propriété Leloup-Regnier, entre les Jacquins et Jouy, où ils se rangent dans l'ordre assigné; puis le signal du départ est donné; les troupes s'ébranlent, se mettent en marche vers Seine-et-Marne. Nous commençons à respirer en voyant l'ennemi s'éloigner. L'officier d'artillerie nous aperçoit au bord de la route; il quitte sa batterie, s'approche de nous et, incliné sur le cou de sa monture, il nous salue en disant : « Monsieur, Mesdames, merci bien de votre bonne hospitalité »; puis il reprend son rang.

Le commandant, couvert du manteau noir, coiffé de la casquette plate, se confond avec son escorte dont rien ne le distingue; son départ nous échappe. Le défilé cesse après une heure et demie au moins; dans l'accalmie qui le suit et dure peu, chacun exhale ses plaintes; M. Leloup, marchand tailleur, a particulièrement souffert, dit-on; il a été volé, pillé et

(1) Der fürst ? De quel prince s'agit-il ? Je ne l'ai jamais su.

maltraité sans motif. Séduit par le rêve généreux du poète, avait-il pensé que « les peuples sont pour nous des frères » ? Hélas !

Vers dix heures du matin le canon gronde du côté de l'ouest; est-ce une bataille qui s'engage ? L'armée française est-elle aux prises avec l'ennemi ? Est-ce Egreville que les Prussiens bombardent ? Toutes les suppositions vont leur train; aucune n'est fondée. Des bois qui masquent le petit village de Chevannes (Loiret), un garde national de Ferrières a tiré un coup de fusil sur des éclaireurs allemands; des représailles terribles s'exercent contre une population innocente et désarmée et le bruit en parvient jusqu'à nous.

Le triste spectacle de la veille ne tarde pas à recommencer : un nouveau corps d'armée succède à celui qui vient de nous quitter; pendant de longues heures, il est impossible de traverser la route, tant les rangs des soldats en marche sont pressés, tant la file des voitures, des canons, des fourgons et des chevaux est serrée et compacte.

Une odeur de cuirs gras, de paille humide empeste nos chambres; une couche de déjections typhiques couvre nos cours et vicie l'air que nous respirons; il nous faut parer à tout cela. Vers deux heures, des fantassins et des cavaliers inscrivent des numéros aux portes; sans crier gare, ils pénètrent partout pour accomplir leur mission; nous allons avoir de nouvelles troupes à loger et à nourrir. Que leur donnerons-nous ? Jouy n'a plus ni pain, ni farine, ni pommes de terre; le maire se hâte d'en informer le commandant, M. de Blümenthal, qui arrive.

Celui-ci comprend la situation : il ordonne à l'intendance de distribuer les vivres qu'elle a en réserve; c'est une avance que les habitants doivent rendre le soir même. Malgré l'activité de l'aide de camp, M. de Bismarck, neveu de notre implacable ennemi, cet ordre s'exécute lentement; des soldats, sabre au clair, poursuivent les volailles dans les cours et dans les champs; des scènes de pillage se dessinent. Mais, de sa chambre, le général de Blümenthal voit ce qui se passe; il parle et le désordre va cesser. M. de Bismarck sort à pas précipités; quelques instants après, il rentre précédé d'un fantassin qui tient deux oies par le cou; il le conduit à coups de botte auprès du général. Un quart d'heure s'écoule avant que nous entrions dans la cuisine; nous sommes étonnés d'y apercevoir les oies au milieu d'un tas de bouteilles cassées.

Les oies, les tessons de bouteilles et le soldat disparaissent à notre insu, comme par enchantement. Que signifie tout cela? On ne tarde pas à l'apprendre : M. Regnier a failli être assassiné par un pillard acharné à la poursuite des volailles qu'il massacrait sans pitié. En le voyant, le maraudeur furieux se précipite sur lui, le saisit à la gorge, l'adosse à un mur et va le percer de son sabre lorsque M. de Bismarck apparaît, l'arrête pour le conduire devant le général.

Le bruit se répandit que le criminel avait été fusillé derrière le presbytère; on le crut parce que, le lendemain matin, on trouva toute la défroque d'un soldat exposée dans la cour de M. Regnier. Située au centre du village, l'habitation de M. Regnier est vaste et confortable; l'ennemi y est nombreux, car elle est bien pourvue; elle le serait davantage encore sans l'incendie qui a dévoré les bâtiments d'exploitation, le 11 octobre, je crois.

Le général de Blümenthal semble aimer sa tranquillité; il fait éloigner de la maison d'école les services trop bruyants qui pourraient le fatiguer. Dans la classe, on installe son capitaine secrétaire que la fièvre ronge. Deux ordonnances soutiennent le malade, presque un moribond, pendant qu'un médecin apprête un breuvage quelconque et le lui fait avaler; ensuite elles le couchent doucement et veillent à son chevet.

L'intendance réquisitionne l'avoine; elle oblige M. Pouce, l'adjoint, à lire, à son de caisse et aux lieux accoutumés, l'avis suivant qu'elle a rédigé elle-même :

« Les habitants de la commune de Jouy sont invités à ap-
« porter immédiatement à la mairie toute l'avoine disponible,
« sous peine d'être emmenés prisonniers en Prusse.

      « Jouy, le 18 novembre 1870.

             « Signé : VON METELLUN. »

A jeun depuis bientôt vingt-quatre heures, je me décide à prendre un peu de nourriture; nous sommes tous attablés, ma famille et moi, mangeant sans appétit, quand le général traverse la salle à manger; il nous salue de la voix et du geste; puis d'un ton plein de bonhomie, il me dit en sortant : « Moi aussi, monsieur, j'ai des filles. »

Un peu moins âgé que le commandant de la veille, il est gros et de moyenne taille; il a le visage large et coloré, la barbe et les cheveux grisonnants; l'ensemble de sa physionomie n'est ni martial ni imposant; il reflète les apparences de la simplicité, de la bienveillance et de la franchise. Son aide de camp, grand et robuste, semble actif et énergique; il a de vingt-cinq à trente ans, la moustache et les cheveux d'un blond foncé; de ses yéux jaillissent parfois des éclairs qui rendent son regard dur et mauvais.

Le jour a baissé; MM. de Blümenthal et Bismarck sont à table; une ordonnance leur sert les mets que ma femme a apprêtés par ordre; harassés de fatigue, nous nous reposons pendant les allées et venues du serviteur qui cherche et prend dans le buffet les objets dont il a besoin. Lorsque le repas est terminé, l'ordonnance s'approche de moi, me fait signe de monter en me disant : « Général, là-haut; » je comprends et je le suis.

Le général et son aide de camp entourent l'âtre; à mon arrivée, ils se lèvent et me font des politesses que j'ai peine à leur rendre; j'accepte le siège que m'offre M. de Bismarck et le colloque suivant s'engage :

LE GÉNÉRAL. — Monsieur, je ne m'attendais pas à rencontrer un gentilhomme comme vous dans ce petit village; j'en suis étonné et satisfait.

MOI (à part). — Où veut-il en venir avec ses compliments outrés? Garde à moi. (Haut, froidement.) Monsieur, je vous remercie des bonnes paroles que vous m'adressez ; je ne les mérite pas : humble instituteur, je voudrais être digne du poste qui m'est confié

LE GÉNÉRAL. — Veuillez accepter un verre de Xérès (il remplit un verre.) Monsieur de Bismarck, offrez des cigares à Monsieur.

MOI (après avoir goûté au vin). — Bien qu'il soit excellent, je ne puis boire ce vin ; je n'ai pas dîné. (Montrant ma tabatière.) Depuis longtemps je ne fume plus ; permettez-moi, Messieurs, de ne pas changer mon habitude.

LE GÉNÉRAL. — Autrefois, j'ai visité la France et, aujourd'hui, je la trouve bien changée; elle a de belles chaussées, des maisons d'école remarquables; de grands progrès ont été accomplis.

MOI. — Oui, Monsieur, le progrès s'est affirmé sous le règne de Louis-Philippe; puis...

LE GÉNÉRAL. — Louis-Philippe ? Le Comte de Paris ? grands cœurs pour la France.

MOI. — J'étais jeune quand Louis-Philippe a été renversé; on l'a regretté...

LE GÉNÉRAL (content). — Une députation que j'ai reçue à Join-ville-le-Pont m'a tenu le même langage.

MOI (surprenant son regard arrêté sur une eau-forte d'un maître célèbre). — Cette gravure représente le Pape.

LE GÉNÉRAL. — Oui, c'est bien lui. Je suis resté plusieurs jours chez l'archevêque de Sens. Vous connaissez l'arche-vêque ?

MOI. — Non, Monsieur.

LE GÉNÉRAL. — C'est un homme bon qui a une excellente table et une cave bien garnie (1).

MOI. — Si vous allez à Orléans, vous y verrez un prélat remarquable.

LE GÉNÉRAL. — L'évêque Dupanloup ? Notre Roi l'aime beaucoup. Dans quelques jours, je serai à Orléans et...

MOI (timidement). — Notre armée vous permettra-t-elle...

LE GÉNÉRAL. — Votre armée? Je la connais ; elle compte environ trente mille hommes de bonnes troupes provenant des dépôts ; le reste, composé de mobiles ou de mobilisés, n'est rien. Les journaux vous annonceront que je suis entré à Orléans sans le moindre retard. (Ton très doux.) On m'a assuré que vous avez des cartes très bien faites ; voulez-vous me les commu-niquer? Je serais enchanté de les comparer aux nôtres.

MOI. — Vous avez pu les voir à l'école où elles sont sus-pendues au mur.

LE GÉNÉRAL (plus pressant). — Vous en avez d'autres, j'en suis sûr ; veuillez me les montrer?

MOI. — Oui, Monsieur, j'ai là, dans cette armoire, un atlas de l'école de Saint-Cyr; de petit format, il ne saurait vous convenir; puis je n'ai pas la clef du meuble...

LE GÉNÉRAL (vivement). — Nous avons ordre de faire ouvrir les meubles par nos gendarmes, quand la chose nous paraît néces-saire ; j'espère que vous m'éviterez le désagrément...

MOI. — Je cède de bonne grâce et vais chercher la clef. (Je des-cends, remonte et, après avoir ouvert l'armoire, je présente l'atlas au général qui le parcourt et me le rend ;

LE GÉNÉRAL (désappointé). — Trop petit, beaucoup trop petit ! Mais, j'y pense, vous me ferez bien la carte que je désire ; je la

---

(1) Je traduis exactement sa pensée qui avait une forme plus vive et plus piquante. Un haut fonctionnaire de Sens m'a raconté que, en s'installant à l'Archevêché, le général avait dit au prélat : « Monseigneur, faites ici comme chez vous. » C'était bien dans son ton.

paierai trois fois ce qu'elle vaudra. Elle contiendra les départe-
ments du Loiret, d'Eure-et-Loir et de Loir-et-Cher ; est-ce
accepté ?

Moi. — Je suis brisé de fatigue et il me faut une quin-
zaine de jours...

Le Général. — Quinze jours ! Nous partons demain matin ; je veux l'emporter avec moi.

Moi. — La chose est impossible ; tout me fait défaut : le
temps et le talent ; excusez-moi donc si je n'accepte pas vos
offres tentantes.

Le Général. — Vous ne me refuserez pas de prendre une
tasse de café avec nous ; le café ne fait jamais de mal. M. de
Bismarck, présentez des cigarettes à Monsieur. (L'aide de camp obéit.)
Je les ai commandées à Troyes ; elles sont très bonnes.

Moi. — Grand merci, Monsieur, je ne fume pas ; je vous
l'ai dit ; mais je prendrai volontiers le café que vous m'offrez si gracieusement.

Le Général. — Je parlais de cartes ; ce n'est pas que
nous en manquions. M. de Bismarck, veuillez apporter notre
liasse. (L'aide de camp obéit : il déplie une carte qui forme une bande d'une longueur
immense, ayant environ 0 m. 40 de largeur, et représente, dans la partie qui m'est
soumise, la voie romaine de Sens à Orléans.) Cherchez Jouy ; vous y recon-
naissez-vous ? (La carte est claire et fort lisible : j'y trouve Jouy et tous ses
hameaux situés sur la route ; du Flomesnil à Bottecourt, le tracé est signalé par le
mot « lacune ».) Lacune ! que veut dire lacune ?

Moi. — Votre carte est exacte ; c'est à dessein, sans doute,
que les lieux qui s'éloignent un peu de la voie n'y figurent
pas. Du Flomesnil à Bottecourt, à proprement parler, il n'y
a pas de lacune : la voie romaine est interrompue à cet endroit
mais elle n'est pas classée sur le Loiret et son entretien est
négligé afin d'obliger les voitures qui se dirigent vers Egreville à passer par le Bignon. Il y a quelques années, j'ai suivi
la fraction désignée comme une lacune ; elle m'a semblé so-
lide, mais un peu cahoteuse ; elle est fréquentée parce que la
bifurcation du Bignon allonge de deux kilomètres au moins.

Le Général. — La longueur de la lacune, s'il vous plaît ?

Moi. — Un kilomètre peut-être ; je ne saurais préciser, car
ce n'est pas sur l'Yonne.

(Le général s'entretient en allemand avec son officier d'ordonnance ; ils discutent :
le général penche visiblement pour la ligne droite, tandis que M. de Bismarck [1] se

(1) Les canons, les caissons et les fourgons allemands ont bientôt coupé la voie romaine sur le parcours de la lacune, qu'ils ont

rabat sur la bifurcation du Bignon ; enfin, le général s'arrête, je crois, sur la voie romaine.)

Un officier supérieur est introduit; c'est M. de Metellun, à qui le général me présente; en allemand, ils s'entretiennent sans doute du succès des réquisitions; ils paraissent enchantés; après de nombreuses salutations, l'intendant se retire; M. de Blümenthal m'autorise à en faire autant.

Heureux d'avoir échappé aux pièges de l'ennemi, je me hâte de rejoindre ma famille que cette conférence a intriguée, sinon inquiétée.

A mi-voix, je retrace, en partie, la scène qui précède; je vais finir au moment où la municipalité vient me prier de lui faire délivrer un sauf-conduit pour que chacun de ses membres puisse rentrer chez soi. La tâche de la municipalité a été longue et pénible; elle l'a attardée beaucoup trop. car la circulation n'est pas sans danger maintenant.

Le hasard nous sert; le général me fait appeler; il veut savoir la cause du bruit qu'il entend. Je lui expose la requête des membres du Conseil municipal; très flegmatiquement, il répond : « Un général ne s'occupe pas de détails aussi futiles; demain, il fera jour; ces messieurs pourront rentrer chez eux. » Voyant qu'il n'y a rien à attendre du général, le Conseil municipal frappe à une autre porte; là, sa demande est accueillie et M. Leviel, un vieillard, est reconduit chez lui, au château de Chénevière.

Le lendemain matin, avant cinq heures, nous voulons nous approvisionner d'eau; nous savons par expérience qu'il faut en être bien pourvu afin d'éviter les incidents désagréables de la veille. Réussirons-nous ? Le puits communal et celui de M. Regnier n'ont plus de corde; il nous faut chercher ailleurs. Au moment d'entrer dans la cour de l'auberge Chambaut, une scène inouïe se déroule à nos yeux et nous arrête : des cavaliers éclairent le puits avec deux ou trois falots pendant que d'autres soldats cherchent à entraîner Mme Chambaut vers leurs camarades. Echevelée, vêtue d'une jupe seulement, la pauvre femme pousse des cris furieux, en essayant de se défendre; ses bourreaux accueillent ses protestations par des rires sauvages et bruyants; la lueur

rendue impraticable; le chemin est devenu un bourbier où l'ennemi est obligé d'abandonner un affût et son avant-train. Longtemps après 1870, j'ai vu ces objets adossés au mur d'une maison de Bottecourt.

des lanternes donne une teinte fantastique à ce tableau lugubre. Soudain, les tortures de la malheureuse prennent fin : deux bras vigoureux se lèvent, s'abaissent et frappent à coups redoublés sur ses lâches agresseurs qui abandonnent leur victime et remettent le puits en état. M. de Bismarck était derrière nous, se tenant aussi dans l'ombre; aucun détail ne lui avait échappé; sa justice expéditive avait produit le meilleur effet (1).

A notre vive satisfaction, nous voyons le départ de l'armée s'effectuer; aucune troupe ne s'arrête pour séjourner à Jouy; du matin au soir, les forces ennemies se dirigent vers l'ouest.

Le lendemain, 20 novembre, un peu après midi, une colonne ennemie se dispose à préparer ses logements quand elle reçoit l'ordre de doubler l'étape; l'infanterie qui escorte d'énormes canons de siège veut réquisitionner des transports; mais les écuries et les maisons sont vides : sur un faux bruit, le pays est devenu désert : on a dit que l'arrière-garde était chargée d'opérer une razzia complète sur son passage. Ignorant cela et intrigué de voir les soldats aller et venir, je me rends chez M. Regnier où je me trouve en face d'un Prussien qui, le visage inondé de sueur, le revolver à la main, sort d'un air furieux et menaçant; j'appelle; personne ne me répond; je vais d'une pièce à l'autre; tout le monde est absent...

Les Allemands partis, le village se repeuple et j'apprends la panique qui s'est produite.

Les grands passages sont heureusement terminés; grâce à la sagesse des habitants, au dévouement de la municipalité, ils n'ont pas été marqués par des épisodes funestes ou sanglants. Je ne puis en évaluer l'importance, car je n'ai aucune donnée pour le faire, même de façon approximative.

---

(1) Il venait s'assurer par lui-même si les chevaux étaient prêts. En partant, il a fait donner un gros morceau de mouton à Mme Chambaut.